Sitzungsberichte

der

Heidelberger Akademie der Wissenschaften

Stiftung Heinrich Lanz

Mathematisch - naturwissenschaftliche Klasse

*) *Jahrgang 1921 erschien im Verlage von Carl Winters Universitäts buchhandlung in Heidelberg.*

Im Verlag von Walter de Gruyter & Co. vormals G. J. Göschen'sch Verlagshandlung — J. Guttentag, Verlagsbuchhandlung — Georg Reimer — Karl J. Trübner — Veit & Comp., Berlin erschienen:

Abteilung A. Mathematisch - physikalische Wissenschaften.

Jahrgang 1922.

1. PERRON, OSKAR. Neue Summationsmethoden und Entwicklungen nach Polynomen. Reichsmark 0·30
2. PERRON, OSKAR. Über transzendente Funktionen auf RIEMANNschen Flächen. Reichsmark 0·60
3. BALDUS, RICHARD. Uber die singulären Punkte reeller Parameterkurven. Reichsmark 0·50

Jahrgang 1923.

1. DEECKE, W. Mitteleuropäische Meeresströmungen der Vorzeit. Reichsmark 0·60
2. LIEBMANN, HEINRICH. Die LIE'sche Cyklide und die Inversionskrümmung. Reichsmark 0·40
3. PERRON, OSKAR. Über Gleichungen ohne Affekt. Reichsmark 0·40
4. LIEBMANN, HEINRICH. Beiträge zur Inversionsgeometrie III. Reichsmark 0·40
5. KRATZERT, J. Beitrag zur Kenntnis des Andesins von Bodenmais. Reichsmark 0·50

Jahrgang 1924.

1. TH. CURTIUS und A. BERTHO. Einwirkung von Stickstoffkohlenoxyd und von Stickwasserstoffsäure unter Druck auf aromatische Kohlenwasserstoffe. Reichsmark 0·50
2. LIEBMANN, HEINRICH. Umkehrung des Variationsproblems der ebenen Affingeometrie. Reichsmark 0·60
3. SALOMON, WILHELM. Die Intensitäten alluvialer und diluvialer geologischer Vorgänge und ihre Einwirkung auf die pliocäne Rumpffläche des Kraichgaues und Odenwaldes. Reichsmark 1·20
4. HEFFTER, L. Zur absoluten Geometrie. Reichsmark 0·60
5. VAN WERVEKE, L. Über die Entstehung der lothringischen Lehme und des mittelrheinischen Lößes. Reichsmark 1·50

[Fortsetzung siehe 3. Umschlagsseite.]

*) Bestellungen auf solche Veröffentlichungen der math.-naturw. Klasse, welche früher im Verlag von Carl Winters Universitätsbuchhandlung in Heidelberg erschienen sind, nimmt auch der Verlag Walter de Gruyter & Co., Berlin, entgegen.

Sitzungsberichte
der Heidelberger Akademie der Wissenschaften
Stiftung Heinrich Lanz
Mathematisch-naturwissenschaftliche Klasse
Jahrgang 1927. 7. Abhandlung.

Naturwissenschaftliche Volkswirtschaftslehre

Von

Adolf Mayer

Vorgelegt in der Sitzung vom 19. Mai 1927.

Berlin und Leipzig 1927
Walter de Gruyter & Co.
vormals G. J. Göschen'sche Verlagshandlung / J. Guttentag, Verlagsbuchhandlung / Georg Reimer / Karl J. Trübner / Veit & Comp.

Naturwissenschaftliche Volkswirtschaftslehre?

Es gibt ja eigentlich keine naturwissenschaftliche Volkswirtschaftslehre und kann keine geben, in dem Sinne, wie es — wenn auch nur für die mehr elementaren Dinge — eine naturwissenschaftliche Ästhetik gibt.[1] Denn die erstgenannte, ursprünglich eine Schöpfung des englischen Geistes, hat von jeher zu den Naturwissenschaften in einem freundschaftlichen Verhältnisse gestanden, was ja natürlich ist, da sie ganz auf den ökonomischen Nutzen loßsteuert, wobei die letzteren vortreffliche Ratgeber sind; und überdies war in England die Kastenordnung der Disziplinen niemals so strenge wie in dem systematischeren Deutschland. Man kann hier keine neue Wissenschaft schaffen, auch nicht von der allerelementarsten Entwicklungsstufe, wie das bei der Ästhetik, die solange ausschließlich philosophische Wege ging, vielleicht der Fall ist.

Dennoch ist aber in der Volkswirtschaftslehre die auch hier bestehende naturwissenschaftliche Grundlage der in ihr behandelten gütererzeugenden Vorgänge des öfteren stark vernachlässigt worden und also auch hier reichlich Gelegenheit, von der Naturwissenschaft aus ergänzend oder erklärend einzugreifen, gar nicht zu reden von der spezifisch logischen Stählung des Geistes, die der Beschäftigung mit naturwissenschaftlicher Forschung eigentümlich ist. Ich bitte also die mehr der Symetrie mit meiner früheren Mitteilung gewählte Überschrift wegen im Sinne der folgenden, richtigeren deuten zu wollen, wodurch die Angelegenheit auf das persönliche Gebiet hinübergeführt und der Schein einer Überheblichkeit vermieden wird. Es handelt sich freilich in der folgenden Zusammenstellung um keine bloße Sammlung stofflich wenig zusammenhängender Zufälligkeiten, sondern es läuft, und ich hoffe, daß dies erkannt werden wird, durch das alles als roter Faden: der Versuch der Entwicklung des sozialen Gewissens, wodurch allein eine endgiltige Lösung der vielbesprochenen „sozialen Frage“ möglich erscheint.

---

[1]) Vgl. Sitzungsber. d. Akad. d. Wissensch. 1927. 6. Abh.

Meine Beziehungen zur Volkswirtschaftslehre.

1. Die alte Wirtschaftslehre unterschied als Produktionsfaktoren: Kapital, Arbeit und als Drittes: den Boden oder die Natur.

Diesen dritten Faktor suchte man um die Mitte des vorigen Jahrhunderts zu beseitigen und ihn mit dem Kapital zu einer Gruppe zu vereinigen. In meiner Schrift: Das Düngerkapital und der Raubbau, die im Jahre 1869 erschien, versuchte ich diesen dritten Faktor aufzuspalten in ein Kapital der Pflanzennährstoffe, das sich dem übrigen Kapital zugesellt, und: die Sonnenstrahlen, die einen ganz anderen, monopolartigen Charakter zeigen und einen wesentlichen Bestandteil des Produktionsfaktors Boden ausmachen.

Diese Auffassung ist unbestritten, wiewohl nicht ausdrücklich in den Bestand der Volkswirtschaftslehre aufgenommen[1]), erscheint aber dessenungeachtet von erheblicher Bedeutung, weil sie die naturwissenschaftliche Erklärung dafür gibt, warum der Produktionsfaktor: Boden seinen ganz besonderen, monopolartigen Charakter zu bewahren suchte, der bis in die Grundsätze der Besteuerung und der Bodenpolitik seine weithin sichtbaren Kreise zieht. Das Maß des Bodenwertes nach Fläche (und nicht nach Gewicht der dort vorhandenen Schätze an Nährstoffen) ist noch ein Abbild dieses lange übersehenen Verhältnisses, da diese Fläche zugleich ein Maß ist der mit dem Boden erwerbbaren Prioritätsrente an Sonnenstrahlen. Es ist mithin eine für die Volkswirtschaftslehre ganz unumgängliche Notwendigkeit, volle Einsicht in dies Verhalten zu gewinnen, eine Einsicht, die bisher nur durch die übliche kastenmäßige Einteilung der Wissenschaften in naturwissenschaftliche und kulturwissenschaftliche versäumt wurde.

2. Im Jahre 1875 schrieb ich eine Abhandlung in die „Deutsche Warte“ S. 641—689, betitelt: Der Sozialismus, seine Grundidee und seine Irrtümer, und einen zweiten: Karl Marx, der Theoretiker des modernen Sozialismus, ebenda S. 577—588.

Die erstgenannte größere Abhandlung schließt mit den Worten: „Jedenfalls ist es hohe Zeit, daß die Gebildeten, von denen doch schließlich die aufopfernste Initiative zu hoffen ist, sich einigen über die berechtigten Punkte in dem wirren Begehren der ungeduldigen Massen, damit die schwierige, allmählich vorzunehmende, Neuorganisation der Arbeit beginnen kann, und damit wenigstens die bestehenden Gegensätze durch ein gemeinschaftliches Bewußtsein gemildert werden. Nie-

---

[1]) Vgl. a. A. M.: Die Quellen der wirtschaftlichen Arbeit in der Natur. 1875 u. Lehrb. d. Agrikulturchemie, II. Düngerlehre, die zwei letzten Vorlesungen.

mand kann sagen, ob dadurch die soziale Revolution, welche in einer oder der anderen Weise unvermeidlich erscheint, noch abgewendet werden kann" usw., während in der anderen Abhandlung die Unzulänglichkeiten des ganz in Hegelscher Philosophie verstrickten oder wenigstens seine Anhängerschaft darin verstrickenden kaltherzigen Führers nachzuweisen versucht wurde.

3. Im Jahre 1881 erschien von meiner Hand die Schrift: Der Kapitalismus in der Gelehrtenwelt, worin eine dem wirtschaftlichen Kapitalismus ähnliche Erscheinung in den Zuständen der deutschen Universitäten nachzuweisen versucht wurde.

4. Im gleichen Jahre wurde „im neuen Reiche" S. 273 eine Abhandlung veröffentlicht, in der auf die Gefahren einer Ausbreitung des öffentlichen Unterrichts über den Bedarf hinaus, wodurch ein gelehrtes Proletariat erzeugt würde, hingewiesen wurde. Auf denselben Gegenstand bin ich noch einmal später 1917 in dem Monatsblatte: Die soziale Kultur S. 193 unter dem Titel: Unser System des Einjährigendienstes zurückgekommen.

5. 1888 erschien gleichfalls als selbständige Schrift und gleichzeitig in holländischer Übersetzung in Zeitschriften und gedruckten Gutachten mein: Zur Begründung von Schutzzöllen in Sonderheit für die Landwirtschaft. In dieser Schrift wurde (vielleicht zum ersten Male) der Gedanke an einen allgemeinen Schutzverband Europas gegen die überseeischen Länder ausgesprochen.

Weitere Veröffentlichungen:

6. Holland und die Holländer in: Grenzboten III, 1905, S. 505. Eine Studie ohne weitere politische Tendenz.

7. Über die Grundsätze des Spiels und der Spekulation in: Gewinntheorien beim Spiele, Die Gegenwart 1907, S. 308, wobei wohl einige neue Gesichtspunkte aufgestellt worden sind. Derselbe Gegenstand unter dem Titel: Spiel um Gewinn und Versicherung gegen Schaden, Güldenkammer 1915, S. 745.

8. Über die Dienstmädchenfrage in „Der Arbeiterfreund", 1906, S. 43.

9. Holland als Kolonialmacht: Deutsche Rundschau, Nov. 1906. Hierin die holländischen Kolonisationsmethoden besprochen.

10. Potentiell und Aktuell: Die Gegenwart 1906, S. 5. Eine Plauderei, die das volkswirtschaftliche Gebiet berührt.

11. Über eine Umkehrung des von Thünenschen Gesetzes. Zeitschr. f. Sozialwissenschaft 1909, XVIII.

12. Die Frauenfrage: Zeitschr. f. Sozialwissenschaft 1909, S. 1. Siehe auch: Die Familie a. d. Gesichtspunkt der Arbeitsteilung: Der Volkserzieher 13, S. 70.

13. Die Organisation der Arbeit aus dem Gesichtspunkt der persönlichen Befriedigung, Magdeburg 1908. Eine soziale Monographie mit positiven Vorschlägen, dem Taylor-Systeme oder der Rationalisierung der Arbeit entgegengesetzt, doch aber mit derselben unter Umständen zu vereinigen. Es wird nämlich vorgeschlagen, in die fabrikmäßige Arbeit eine gewisse Abwechslung zu bringen, soweit sich dies mit den Zwecken der Produktion in Übereinstimmung bringen läßt, nach dem alten Erfahrungssatze: variatio delectat.

14. Die Wertung des Luxus. Drei Artikel in Zeitschr. f. Sozialwissenschaft 1909, S. 226. Auch hier wird das soziale Gewissen wach zu erhalten versucht gegenüber dem Eigennutz der vielleicht nur zufällig herrschenden Klasse, und jedenfalls sind einige neue Gesichtspunkte zur Beurteilung gewonnen.

Das Ergebnis ist in kurzen Worten, daß Luxus an und für sich und als Güterverbrauch über das Nützliche hinaus immer ein wirtschaftliches Übel bedeutet (sehr im Streite mit der Behandlung dieses Gegenstandes seitens der deutschen offiziellen Lehre), daß aber im Ziehen der Grenzlinie zwischen Luxus und wirtschaftlich Nützlichem liberal verfahren werden muß, so daß der Komfort und auch der Pomp vom eigentlichen schädlichen Luxus in scharfer Linie geschieden werden. Denn Komfort erleichtert die Produktion der sich dieser Erleichterung Bedienenden, und Pomp gibt den zum Nutzen der ganzen Gesellschaft nötigen Autoritäten das die Ausübung ihrer Pflichten nötige Ansehen. Die Abhandlung fand Beachtung, wurde sogar der Grundlage zu einer Rektoratsrede gewürdigt.[1]) Dennoch ist nichts von den Resultaten in die Lehrbücher übergegangen. Es war dem Nichtfachmanne unmöglich aufzukommen gegenüber der SOMBART schen Luxustheorie, die auf Grund tiefgehender aber einseitiger Studien zu entgegengesetzten Resultaten gelangte. SOMBART lieferte in seinem Buche den Nachweis, daß bei dem Übergange der Gesellschaft zur kapitalistischen Erzeugungsweise die Luxusgewerbe historisch eine große Rolle spielen, wie er früher die Beteiligung der Judenschaft an diesem Vorgange in ein grelles Licht stellte. Mit der ethisch-sozialen Bedeutung des Luxus hat das nichts zu tun, war aber bei der autorativen Stellung des „berufenen" Fachmannes wohl geeignet, die Blicke von der wahren Bedeutung der Erscheinung abzulenken.

15. Über den Erfolg der Reform der Pachtgesetzgebung in England. Referat nach dem Berichte einer holländischen Kommission. Zeitschr. f. Sozialwissenschaft 1909, 12, S. 1.

[1]) ANTON KOCH, Tübingen, 1914.

16. Die Arbeitsfreudigkeit als Unterrichtsprinzip in: Das humanistische Gymnasium 1909, S. 228.

17. Abraham Kuyper: Die Studierstube 1908, S. 395. Der protestantische Gegenreformator auch als Politiker geschildert.

18. Pomp: Das Magazin 1910, S. 90. Hier wird die wirtschaftliche Bedeutung des Pomps auseinandergesetzt und dieser deutlich vom Luxus geschieden.

19. Einige Bemerkungen zur Statistik: Deutsche landw. Presse 1912. Eine Besprechung des Verhältnisses der statistischen Zahlen zur Freiheit des Willens.

20. Die einzige Lösung der sozialen Frage: Die Studierstube 1912, S. 480. Eine Widerlegung der Theorie des: Geld unter die Leute bringen und eine Empfehlung der ethischen Lösung der sozialen Frage, welchem Gegenstande noch mehrere Veröffentlichungen und das zweitletzte Kapitel meines 1906 erschienenen Buches: Los vom Materialismus gewidmet ist. Siehe auch: Reichtum und soziale Gerechtigkeit, Monatsschrift f. christl. Sozialreform 1911, S. 342.

21. Der Jude inmitten der deutschen Kultur: Der Volkserzieher 1914, 17, Nr. 9.

22. Verteilung der Güter und Entwickelung der Kunst: Nord und Süd 1912, S. 277.

23. Zur Charakterisierung des Profits: Begriffliche Scheidung des Profits vom Verdienste. Soziale Kultur 1911, Aug.-Sept., S. 29.

24. Adelt die Arbeit?: Zeitschr. f. Jugenderziehung 1911, Miszellen. Einschränkung der hierin enthaltenen Behauptung.

25. Bleibende Wirkung des Vergänglichen. Plauderei mit wirtschaftlichen Folgerungen: Deutsche landw. Presse 1911. Unter dem Striche.

26. Die Dame: Der Volkserzieher 13, Nr. 20. Ebenso.

27. Regulatorisch und Kumulativ: Deutsche landw. Presse 1913. Unter dem Strich. Ebenso.

28. Der Kapitalismus in der Ruhmeshalle. Überhebung des blos technisch Verdienstlichen durch die Kapitalkraft der Industrie. Güldenkammer 1913, S. 507.

29. Frauenstimmrecht: Soziale Kultur 1913 S. 641. Eine kritische Besprechung der Vor- und Nachteile.

30. Zur Psychologie des Spiels: Nord und Süd 1913, S. 202.

31. Der soziale Charakter des großen Krieges: Soziale Kultur 1914, Okt., S. 36.

32. Das System der englischen Politik: ebenda 1912, Dez., S. 44.

33. Autorität und Individualismus: Nord und Süd 1914, S. 32.

34. Schädlichkeit des Pazifismus: Studierstube 1915, S. 97.

35. Politische Moral: Die Studierstube 1915, S. 241. Derselbe Gegenstand später nochmals behandelt unter dem Titel: Einzelseele und Kollektivseele: Preuß. Jahrb. 1925, 202, S. 335.

36. Gold als Wertmaß und das englische Goldmonopol: Soziale Kultur 1915, Dez., S. 725.

37. Über die soziale Bedeutung des Wohnens: Soziale Kultur 1916, S. 337.

38. Zur Psychologie des Schlagers: Soziale Kultur 1917, S. 94.

39. Die Presse als Feind des Parlamentarismus: Die Wirklichkeit 1917, S. 93.

40. Ursachen völkischen Aufstiegs und Niedergangs: Die Studierstube 1917, S. 482.

41. Zur Würdigung der körperlichen Arbeit: ebenda 1918, Jan., S. 1.

42. Der Sieg der Lüge: Konservative Monatsschrift 1919, S. 201.

43. Krieg, Kapitalismus und Sozialismus: Zeitschr. f. Sozialwissenschaft 1919, S. 585.

44. Deutscher und angelsächsischer Verstand: Konservat. Monatsschr. 1920, 2. Märzheft, S. 363.

45. Zur Theorie der Preisbildung: Soziale Kultur 1921, S. 1.

46. Demokratie und Sklaventum: Deutschlands Erneuerung VI, 1922.

47. Sexualpolitik bei verschiedenen Nationen: Zeitschr. f. Sexualwissenschaft 1924.

Zettel und Einschlag der Mehrzahl dieser Schriften ist, wie schon gesagt, die Entwickelung des sozialen Gewissens im modernen Menschen im Gegensatze zum Liberalismus der alten Nationalökonomie und zu deren Gipfel, wie er sich etwa im Amerikanismus zeigt. Deswegen konnten auch Fragen, die auf das Gebiet der Politik hinüberstreifen, in manchen dieser Veröffentlichungen nicht ganz ausgeschlossen werden, da ja auch der sozialdemokratische Lösungsversuch derselben auf dieses Gebiet hinüberschlägt, indem ja eben die Ausdehnung des Wahlrechts auf zu politischem Urteil wenig befähigte Volksschichten die demokratische Weise ist, dergleichen Fragen zu lösen. Erst wenn man hier eine Grenze setzt und damit dem ungezügelten Parlamentarismus einen Riegel vorschiebt, ist eine wahrhaft ethische Lösung der sozialen Frage möglich. Diesen Zustand konnte ich aber nur anstreben und nicht voraussetzen. Erst wenn es gelungen sein wird, das Recht zum Streike das jetzt zu politischen Zwecken mißbraucht wird, innerhalb vernünftiger

Grenzen zu bannen, wird es vielleicht möglich sein, diese Dinge wissenschaftlich säuberlich, d. h. ganz unberührt von der Leidenschaft des täglichen Geschehens zu behandeln. Dieser Weg ist bisher nur von einer europäischen Nation mit äußerem Erfolge betreten, nämlich in Italien unter Mussolini. In England wird er von Regierungswegen versucht. Der deutsche Stahlhelm scheint nicht kräftig genug, es den Schwarzhemden gleich zu tun. Also überall Fragezeichen, und einstweilen wird es in der Welt beim leidigen Politisieren bleiben. Dies zu meiner Entschuldigung. Erst wenn der Streik, an den man sich schon als an ein erlaubtes Kampfmittel gewöhnt hat, als in seinem Wesen seinem eigenen Zwecke ins Gesicht schlagend und also als typisch unsozial erkannt ist, erst wenn man auch dem Luxus gegenüber eine ähnliche ablehnende Stellung gewonnen haben wird, ist eine endgültige Lösung der sozialen, bis dahin eine jede Volkseinheit bedrohenden Frage, möglich. Das ist wissenschaftlich erweisbar und sollte über dem Zanke der Parteien stehen.

Also — zum Schlusse noch einmal zusammenfassend — das sind nach meiner Weise zu sehen die beiden Angelpunkte der großen weltbewegenden sozialen Frage: Einerseits die billige Beschränkung des Streikrechts der Arbeitenden, durch welche diese in die ihr Urteilsvermögen weit übersteigende Lage versetzt worden sind, den Preis ihrer Leistung einseitig nach ihren Lebensansprüchen festzusetzen und andererseits die lässige Haltung der Verbrauchenden zum Probleme des Luxus, der, wenn nicht nach billigen sozialen Gesichtspunkten eingeschränkt — immer wieder den Löwenanteil des Arbeitsproduktes zu verschlingen droht und auf diese Weise die Frage einer praktischen Lösung entzieht. Vernünftige Schranken auf beiden Seiten sind unumgänglich, und mir will es scheinen, als ob die zur Zeit herrschende, mehr juristisch als naturwissenschaftlich orientierte Volkswirtschaftslehre diese wichtigen Gesichtspunkte etwas aus den Augen verloren habe.

6. Krull, Wolfgang. Die verschiedenen Arten der Hauptidealringe. Reichsmark 0·50
7. Roeser, Ernst. Übergang von der nichteuklidischen Streckentrigonometrie zur Winkelmessung. Reichsmark 0·30
8. Wellstein, Julius. Zur Differentialgeometrie der isotropen Kurven. Reichsmark 1·50
9. Ewald, Rudolf. Die geodynamischen Erscheinungen des krystallinen Odenwaldes als Beispiel einer geoisostatischen Ausgleichsschwingung. Reichsmark 1·50
10. Voelcker, Ilse. Über eine ganz junge Verwerfung bei Rauenberg im Kraichgau. Reichsmark 0·30
11. Liebmann, Heinrich. Die Aufschließung von Differentialinvarianten Reichsmark 0·50

Abteilung B. Biologische Wissenschaften.

Jahrgang 1923.

1. Kossel, A. und R. E. Gross. Über die Darstellung und quantitative Bestimmung des Arginins. Reichsmark 0·30

Von Jahrgang 1925 ab findet die Trennung in Abteilung A und B nicht mehr statt.

Jahrgang 1925.

1. Heffter, Lothar. Zur absoluten Geometrie II. Reichsmark 0·50
2. Roeser, Ernst. Die komplementären Figuren der nichteuklidischen Ebene. Reichsmark 0·50
3. Fladt, Kuno. Neuer Beweis f. d. Zuordnung von rechtwinkligem Dreieck und Spitzeck in der hyperbolischen Elementargeometrie. Reichsmark 0·30
4. Salomon, Wilhelm. Beobachtungen über Harnische. Reichsmark 0·70
5. Loewy, A. Beiträge zur Algebra. 1—4. Reichsmark 1·—
6. Hellpach, Willy. 2. Mitteilung zur Physiognomik der deutschen Volksstämme. Reichsmark 0·30
7. Loewy, Alfred. Neue elementare Begründung und Erweiterung der Galoisschen Theorie. Reichsmark 2·—
8. Curtius, Theodor und Bertho, Alfred. Einwirkung von Stickstoffkohlenoxyd und von Stickstoffwasserstoffsäure unter Druck auf aromatische Kohlenwasserstoffe. Reichsmark 0·40
9. Roeser, Ernst. Die gnomonische Projektion in der hyperbolischen Geometrie. Reichsmark 0·70
10. Rasch, G. Uber die Ausnützung der Gezeiten des Meeres zur Energiegewinnung. Reichsmark 0·80
11. Salomon, Wilhelm. Magmatische Hebungen. Reichsmark 1·20
12. Pütter, A. Altersbestimmungen an Drachenbäumen von Tenerife. Reichsmark 0·90
13. Volk, Otto. Über geodätische rhombische Kurvennetze auf krummen Flächen, insbesondere auf Flächen konstanter Krümmung. Reichsmark 1·10
14. Roeser, Ernst. Die Fundamentalkonstruktion der hyperbolischen Geometrie. Reichsmark 1·40
15. Rüger, L. und Rüger-Haas, P. Palaeosemaeostoma geryonides v. Huene sp., eine sessile Meduse aus dem Dogger von Wehingen in Württemberg und Medusina liasica nov. sp., eine Coronatenähnliche Meduse aus dem mittleren Lias von Hechingen in Württemberg. Reichsmark 1·50

Jahrgang 1926.

1. Krull, Wolfgang. Theorie und Anwendung der verallgemeinerten Abelschen Gruppen. Reichsmark 1·70
2. Klebs, Georg. Über periodisch wachsende tropische Baumarten. Reichsmark 1·20
3. Müller, Max. Über die Oberfläche von Flächenstücken. Reichsmark 1·20
4. Ernst, Max. Über Anlagen von Organen, die nicht zur Ausbildung gelangen. Reichsmark 0·50
5. Ernst, Emil. Die optischen Eigenschaften des Andesins von Bodenmais. Reichsmark 1·10
6. Liepmann, Wilhelm. Leichengeburt bei Ichthyosauriern. Reichsmark 0·90
7. Klebs, Georg. Über die Längenperiode der Internodien. Reichsmark 2·40
8. Jost, L. und v. Ubisch, G. Zur Windefrage. Reichsmark 0·80
9. Salomon, Wilhelm. Gibt es Gesteine, die für bestimmte Erdperioden charakteristisch sind? Reichsmark 0·30
10. Roeser, Ernst. Der reelle Übergang zwischen den beiden nichteuklidischen Geometrien und ihrem Parallelenbegriff. Reichsmark 1·20
11. Salomon, Wilhelm. Kugelförmige Absonderung. Reichsmark 0·80
12. Salomon, Wilhelm. Felsenmeere und Blockstreuungen. Reichsmark 0·80
13. Salomon, Wilhelm. Die Gruppendefinitionen in der Paläontologie. Reichsmark 0·90

Jahrgang 1927.

1. Loewy, Alfred. Neue elementare Begründung und Erweiterung der Galoisschen Theorie. Reichsmark 1·60
2. Liebmann, Heinrich. Rhombische Geradennetze im Raum. Reichsmark 1·—
3. Volk, Otto. Über geodätische Dreiecksnetze auf Flächen konstanten Krümmungsmaßes. Reichsmark 1·80
4. Pütter, A. Chemische Reizwirkung und Giftwirkung. Mit einem mathematischen Anhang: Ein Diffusionsproblem von E. Trefftz. Reichsm. 2·40
5. Rembs, Eduard. Die Verbiegung des verlängerten Rotationsellipsoids. Reichsmark 1·60
6. Mayer, Adolf. Naturwissenschaftliche Ästhetik. Reichsmark 0·90
7. Mayer, Adolf. Naturwissenschaftliche Volkswirtschaftslehre. Reichsmark 0.80.

Abhandlungen der Heidelberger Akademie der Wissenschaften

Mathematisch-naturwissenschaftliche Klasse

Abteilung A

12. Mohr, Ernst. Über den Zusammenhang zwischen der Struktur und den morphologischen Merkmalen des Diamanten. 1924. Reichsmark 3·50
13. Reinmuth, Karl. Die Herschel-Nebel, nach Aufnahmen der Königstuhl-Sternwarte. 1926. Reichsmark 20·—
14. Salomon, Wilhelm. Die Erbohrung der Heidelberger Radium-Sol-Therme und ihre geologischen Verhältnisse. 1927. Reichsmark 8·—

Druck: Hermann Böhlaus Nachfolger Hof-Buchdruckerei G. m. b. H. Weimar.

Kolibri 360 GmbH
Ferdinand-Jühlke-Straße 7
99095 Erfurt, Deutschland
produktsicherheit@kolibri360.de